AF601142

TRIPOLI

# LA TRIPOLITAINE D'HIER ET DE DEMAIN

## I

La Régence de Tripoli comprend ce que l'on appelait anciennement la Cyrénaïque (aujourd'hui Barka), la Subventana (aujourd'hui Tripolitaine propre), le pays des Psylles et le pays des Garamantes. La Cyrénaïque (ἡ Κυρηναϊκή) prit, sous les Ptolémées, le nom de Pentapole, pays des cinq villes, qui étaient : Apollonie (1), Ptolémaïs (2), Taucheira appelée plus tard Arsinoé-Bérénice (3), plus tard Hespérès (4) et Cyrène (4). Les Grecs avaient donné à cette région la dénomination de Tripolis (trois villes) à cause de ses trois principales agglomérations d'habitants (Œa, Sabrata, Leptis). La seconde guerre punique la fit passer sous l'autorité de Rome, qui l'abandonna aux rois de Numidie. Ceux-ci disparus, elle redevint possession romaine, d'abord réunie à la province d'Afrique, puis, sous l'empire, constituée en *Tripolitana provincia* ayant une certaine auto-

(1) Aujourd'hui Marza Sousa.
(2) Aujourd'hui Dolometa.
(3) Aujourd'hui Tochira.
(4) Aujourd'hui Bengabi.
(5) Aujourd'hui ruines de Grench.

nomie. Au VIIe siècle, le littoral tripolitain tombe au pouvoir des Arabes. Son histoire se confond alors avec celle de la Berbérie. Un seul incident y parle de l'Europe, quand Roger de Sicile s'en empare en 1146; mais, après la mort du héros normand, les musulmans ressaisissent tout le territoire qui reste aux Almohades pendant toute la durée de leur dynastie. La chute de cette dernière amène le gouvernement des Beni-Amer. Abou-Farez, roi de Tunis, les détrône, mais est vaincu lui-même par les Espagnols en 1510. Vingt ans après, Charles-Quint cède Tripoli aux chevaliers de Saint-Jean de Jérusalem. En 1551, un pirate turc, Dragut, infestant la Méditerranée pour le compte de Sinan-Pacha, chasse les chevaliers et fait de la région un pachalik de l'empire ottoman, ou plus exactement un nid de corsaires travaillant pour la Sublime-Porte. Quand l'autorité des califes décline, Tripoli n'est plus comme Alger qu'un théâtre de despotisme et d'anarchie. Les vrais maîtres sont les janissaires, c'est d'eux que relève le pacha, vassal nominal du sultan, à qui il paie tribut, mais il est en réalité l'esclave de sa milice. Révoltes, assassinats, supplices, guerres avec l'Europe, lasse de cette odieuse piraterie, les annales tripolitaines n'enregistrent plus d'autres faits. Parfois des États européens signent des traités de paix avec ces assassins et ces écumeurs de mer, et ne répugnent pas à leur payer le prix de leur alliance. Parfois s'organisent contre eux des croisades. Les plus importantes furent celles des Français qui en 1685 et 1728 bombardèrent Tripoli et la détruisirent presque complètement sans mettre fin à la piraterie (1). Dans l'intervalle le pachalik tentait de s'affranchir de la suzeraineté ottomane. Achmed Caramanli y parvint en réalité par l'expulsion des Turcs en 1714 et le massacre de leurs officiers. Le sultan reconnut, comme toujours, le fait accompli, et laissa la régence à l'usurpateur, dont les descendants régnèrent jusqu'en 1835.

Comme tous les États Barbaresques, la Tripolitaine se prétendait en droit de capturer les navires et les équipages et cargaisons des pays avec lesquels elle n'avait aucun engagement. Ces déprédations durèrent jusqu'en 1830 et même au delà. L'Europe décida enfin, au commencement du dix-neuvième siècle, qu'il fallait réagir énergiquement contre cet état de choses intolérable au sein de la civilisation, et, le 8 octobre 1819, une escadre anglo-française parut devant Tripoli. Le pacha était alors ce Youssouf qui en 1790 avait assassiné son frère aîné et quelques années après était devenu souverain de la Tripolitaine à la suite de l'abdication de son second frère. Les menaces des alliés anglo-français ne l'intimidèrent pas, à la vérité, mais lui firent craindre qu'on ne songeât à lui interdire, avec la piraterie le trafic des esclaves. Il céda sur le premier point pour ne pas être inquiété sur le second. Son arrogance ne tarda toutefois pas à se manifester de nouveau, quand la guerre gréco-turque lui permit de venir au secours de l'Islam en péril et de réclamer avec hauteur la rétribution de ce service. La Sardaigne crut devoir envoyer le 25 septembre 1825 le chevalier Sivoli à Tripoli pour y jeter l'ancre à l'entrée du port et exiger la cessation des actes odieux des pirates. Youssouf répondit qu'avant d'entrer en pourparlers il réclamait une somme de 30,000 piastres. Sivoli lui fit dire qu'au lieu de 30,000 piastres il lui enverrait 30,000 balles de fusil et boulets de canon.

(1) Duquesne châtia les corsaires en 1683, d'Estrées bombarda Tripoli en 1685, de Grandpré en 1728.

La fermeté des Italiens eut raison de l'outrecuidance de Youssouf, qui souscrivit à tout, ce qui ne l'empêcha point, l'année suivante, de faire la capture de trois navires romains, qu'une flotte de guerre française l'obligea aussitôt à restituer.

Au cours des négociations ouvertes à ce sujet, le consul français à Tripoli, M. Rousseau, s'attira la colère du pacha, et presque dans le même temps le major anglais Laing, revenant de Tombouctou, fut assassiné. La nouvelle de ce meurtre arriva bientôt aux oreilles de Rousseau, qui avait des intelligences à Ghadamès. Les papiers du malheureux Laing avaient été détruits par les assassins. Le consul français, informé de tout, fit des représentations à Youssouf. Le pacha se contenta d'accuser Rous-

TROUBAD L'APICULTEUR EN COSTUME D'EXPLORATEUR AFRICAIN

seau, auprès des Anglais, d'avoir en sa possession les papiers dérobés, et ces insinuations eurent assez de crédit auprès du gouvernement britannique pour créer un conflit diplomatique entre la France et l'Angleterre. Notre consul quitta sur-le-champ Tripoli avec notre pavillon et demanda une enquête, qui lui fut favorable. La France résolut alors de châtier d'une manière exemplaire la calomnie qui n'atteignait pas seulement notre représentant, mais aussi notre honneur national. Le 9 août 1830, un mois après la prise d'Alger, qui mit en émoi et en effroi toute la côte septentrionale de l'Afrique, le contre-amiral Rosamel vint mouiller devant Tripoli. Le troisième jour Youssouf, en présence de nos batteries, signa les stipulations qui lui étaient imposées, il déclara que ses accusations contre Rousseau étaient fausses et mensongères, adressa d'humbles excuses au roi de France, s'obligea à payer une indemnité de guerre de 800,000 francs, à abolir définitivement, dans ses États, la piraterie et l'esclavage, à renoncer à tout monopole, à tout tribut qui lui étaient encore consentis par certaines puissances européennes.

Cette convention fut fatale à Youssouf. Pour en assurer l'exécution, il dut extorquer de grands impôts aux Arabes de la Régence. Le mécontentement de ses sujets favorisa la rébellion. Abd-el-Djelil, cheik des Beni-Soliman, puissante tribu établie entre Tripoli et le Fezzan, se mit à la tête du mouvement. Il avait longtemps servi sous les princes de Caramanli et connaissait leur caractère, leurs secrets, leurs espérances, leurs desseins. Youssouf crut pouvoir maîtriser la révolte en opposant d'autres tribus à celle d'Abd-el-Djelil, mais celui-ci les battit ou les rallia à sa cause. Déjà le Fezzan était en son pouvoir et Youssouf se trouvait réduit au Sahel et à la Meschija, quand apparut tout à coup un ennemi plus redoutable. L'Angleterre envoya, en juillet, une flotte à Tripoli avec ordre de bombarder la ville si le pacha ne payait pas sans autre délai les 200,000 piastres qu'il devait à des négociants anglais. Dans son désarroi Youssouf prit une mesure qui lui coûta le trône : il frappa d'impôts les Arabes de la Meschija, jusqu'alors entièrement exempts de toute charge. La population, en fureur, courut aux armes, renversa Youssouf et nomma à sa place son petit-fils, Sidi-Mohamed. Le Sahel fit cause commune avec l'insurrection. La ville de Tripoli seule resta fidèle au pacha, qui, se sentant privé de tout moyen de résistance, abdiqua en faveur de son fils, Sidi-Ali.

Cette abdication de Youssouf donnait satisfaction non seulement aux rebelles, mais aussi aux intérêts de la dynastie. Une des plus importantes tribus du Djebel se déclara prête à soutenir Sidi-Ali, et le Benghazi se soumit à lui. Le chef de la révolte, Abd-el-Djelil, lui fit également des ouvertures. La France et l'Angleterre étaient opposées à ces combinaisons. Toutes deux voulaient la restauration des Caramanlis, qui sauvegarderaient l'indépendance de la Tripolitaine, car cette indépendance se conciliait avec les plans du gouvernement français, impatient d'attirer dans sa sphère d'influence en Afrique tous les petits États situés sur la Méditerranée. Elle concordait aussi avec les vues du gouvernement britannique, qui approvisionnait Malte sur le marché tripolitain.

Malheureusement la France et l'Angleterre ne purent s'entendre, chacune d'elles visant à s'arroger le plus d'avantages exclusifs. Elles commirent aussi la faute grave et inconcevable de faire le jeu de la Porte, qui profita de notre mésintelligence pour reconstituer sa suzeraineté, à laquelle Sidi-Ali consentit. Le sultan s'empressa d'accepter ce pacte Shekir-Bey fut chargé comme ambassadeur de la Turquie d'aller à Tripoli se rendre compte de la situation. Le rapport qu'il adressa à Constantinople eut pour conséquence un firman d'investiture reconnaissant, assurait-on, Sidi-Ali comme pacha vassal de l'empire, en même temps que la Turquie enjoignait aux rebelles de déposer les armes. Ils refusèrent, comme on y comptait à Stamboul. Pour les punir Mustapha Nedjib Pacha prit le commandement de la flotte turque et de 6,000 hommes dirigés sur Tripoli. Les troupes ottomanes débarquèrent du 25 au 28 mai 1835. Sidi-Ali les mit en possession de tous ses moyens de défense et, ne se croyant pas encore assez à l'abri, chercha un refuge sur le vaisseau amiral turc. On l'y garda prisonnier et il fut transporté à Constantinople. Le coup de main avait réussi. Mustapha Nedjib donna alors lecture de la véritable teneur du firman qui le nommait lui-même pacha de Tripolitaine, il fit ensuite ouvrir les portes de la ville et proclamer la fin de l'insurrection.

Cependant la Porte ne tarda pas à se convaincre que son stratagème avait un revers de médaille ; la sujétion de la Régence était beaucoup moins réelle qu'apparente. Les deux principaux chefs de tribus Gumma et Abd-el-Djelil, qui avaient été investis de l'autorité l'un dans le Djebel, l'autre dans le Fezzan, à la condition de payer, le premier, 3,000 piastres, le second, 25,000, au trésor ottoman, nièrent leurs promesses à l'échéance. Le sultan n'était pas assez fort pour les contraindre par les armes à remplir leurs engagements. Il préféra recourir aux procédés séculaires en usage sur les bords du Bosphore. Très captieusement il attira ses adversaires dans un piège, et lorsqu'il les eut en son pouvoir, il fit massacrer Abd-el-Djelil et infligea un châtiment des plus cruels à Gumma, qui fut en outre exilé à Trébizonde. En même temps, soixante autres chefs de tribus qui s'étaient alliés aux deux coupables furent décapités et leurs têtes exposées sur les murs de Tripoli pour servir d'exemple à ceux qui tenteraient de renouveler les rebellions. Les Arabes n'acceptèrent pourtant pas la leçon avec résignation. En 1855, Gumma, qui avait réussi à s'évader de la ville où il etait interné, réunit autour de lui un très grand nombre de partisans. Cette nouvelle insurrection eut le même résultat que la première. L'État tripolitain depuis près de quarante-cinq ans n'a pas recouvré son indépendance. La Turquie reste maîtresse du vilayet, et il semble qu'on ne l'en dépossédera pas avant longtemps.

## II

Or, cette sécurité n'est que fictive. L'Angleterre a plus que jamais les yeux fixés sur cette région de la grande Syrte qui s'enfonce comme un coin entre l'Egypte et la Tunisie. La convention du 21 mars 1899 entre les gouvernements anglais et français a limité notre empire africain en traçant la ligne de partage de l'influence des deux grandes nations, France et Grande-Bretagne, dans le continent africain. En faisant rentrer le Tibesti dans notre champ d'action, et en considérant comme mur mitoyen entre nous et nos voisins la ligne de faîte des bassins du Nil et du Congo, ce contrat synallagmatique nous permet de nous étendre jusqu'au nord de Tummo (Ouar) à la partie sud de la Tripolitaine. Celle-ci devient dans ces conditions une sorte d'Afghanistan empêchant pour le moment le choc des deux ambitions anglaise et française. Il reste à savoir jusqu'à quand subsistera ce tampon politique et si demain quelque événement ne viendra pas modifier les arrangements pris aujourd'hui pour liquider la question de Fachoda. Deux choses peuvent en effet arriver : ou bien la Turquie, disparaissant, comme on le prévoit, de la carte d'Europe, s'effacera également de celle d'Afrique, et alors l'Angleterre, sous un prétexte facile à imaginer par les Chamberlain et les Balfour ou leurs émules, prétendra avoir le droit de reculer sa frontière à l'ouest du golfe de Salloum jusqu'à la petite Syrte pour étendre sa « protection » du plateau du désert de Libye jusqu'au désert de Sable et à la Tunisie (car il y aura toujours un Beaconsfield pour renouveler le jeu de la carte forcée de Chypre), ou bien le cabinet de Londres insistera sur le maintien d'une Tripolitaine qui ne serait ni anglaise ni française, mais... italienne. Cette seconde combinaison serait, du reste, tout aussi favorable aux projets britanniques que la première.

L'Afrique orientale, telle qu'elle se dessine aujourd'hui, sera, si la

France n'y veille, évidemment dans cinquante ans, ou peut-être plus tôt, tout à fait anglaise, avec une emprise allemande entre les trois lacs (Victoria-Nyanza, Tanganika, Nyassa) et l'océan Indien. Les possessions portugaises du cap Delgado à la baie de Delagoa deviendront britanniques par rachat ou par manœuvre diplomatique. Les républiques de Boers ne résisteront pas, malgré toute leur énergie, aux menées qui préparent leur absorption. L'Angleterre, instruite par l'expérience, guettera l'occasion de prendre l'Abyssinie dans un étau. Pour cela, il lui est indispensable de ne pas laisser la Somalie italienne à l'Italie, et de ne faire qu'un seul territoire britannique de toute la région comprise actuellement entre le golfe d'Aden, l'océan Indien, le Kilimandjaro, le Nil, le lac Albert et le Chillouck. Le moyen diplomatique le plus adroit et le plus sûr qui s'offrira à l'expansion coloniale anglaise, méditant d'arrondir ainsi sa propriété, se trouvera tout indiqué : ce sera d'offrir à l'Italie un échange et de lui présenter la Tripolitaine comme une compensation à la cession de la Somalie italienne.

Or, le jour où réussirait cette manœuvre, qui n'est déjà plus spéculative et chimérique, mais patiemment préméditée dans l'ouvrage africain ourdi à Londres, il est hors de doute que les Anglais n'auraient plus dans la mer Rouge que deux obstacles à leurs visées : Ménélick ou ses successeurs en Abyssinie, la France établie à Djibouti, à Obock, sur la côte de la baie de Tadjourah. Ces deux obstacles, l'Angleterre tendra logiquement à les renverser par tout ce qu'elle aura dans l'avenir à sa disposition. Elle suscitera certainement des difficultés quand l'heure lui paraîtra propice, pour faire en Abyssinie un jeu analogue à celui qui se poursuit actuellement au Transvaal et dans l'Orange, et comme elle est tenace, à la façon de l'araignée qui tisse sa toile, il ne serait pas impossible qu'elle triomphât un jour des Abyssins. Avec la France, la partie serait à coup sûr plus serrée, mais le succès remporté à Fachoda est un encouragement aux témérités britanniques. Supposons un instant que ce rêve anglais entre dans le domaine des faits acquis, que la France elle-même, malgré sa force, succombe, d'une ou d'autre façon, la conclusion de l'hypothèse est dès lors toute nette : fermeture de la mer Rouge par les Anglais, maîtres à Suez et à Aden.

Que l'on ne nous dise pas que c'est là une supposition bien gratuite, plus aisée à construire sur une carte d'Afrique qu'à faire aboutir sur l'échiquier des puissances. L'art de la politique consiste à tout prévoir, même l'impossible, surtout l'impossible. Et ce serait une erreur de ne pas faire entrer dans les calculs de notre défense coloniale ce facteur considérable que les Anglais appellent la Plus-Grande-Bretagne (*Greater Britain*). Sans doute il y a des traités qui lient l'Angleterre dans la Somalie, celui de 1887 avec nous, celui de 1894 avec l'Italie, de 1898 avec l'empereur abyssin, mais l'histoire n'enseigne-t-elle point qu'aucun traité n'est perpétuel, que les liens se rompent comme les parchemins se déchirent, et que les entreprises anglaises n'ont pas coutume de s'arrêter sur ce chemin glissant qui mène, suivant l'expression de La Bruyère, de la hardiesse à l'audace.

Charles Simond.

UN CAMPEMENT DANS L'OASIS

# AU PAYS DES OASIS

## L'Afrique ottomane.

Aujourd'hui que tous les regards sont portés vers le centre de cette Afrique tant convoitée, vers ce Soudan autrefois mystérieux, que les Anglais viennent de tailler de main de maître au plus grand désavantage de la France, qui donc s'occupe des deux terres africaines où l'islam règne encore, du Maroc et surtout de la Tripolitaine ?

A vrai dire, le Maghreb a bien tenté quelques explorateurs, on a même beaucoup écrit à son sujet, et la forteresse d'Albion, qui garde l'entrée du lac jadis français, a suffi pour qu'on s'en occupât.

On ne cause guère de la dernière colonie ottomane. Peut-être dit-on qu'il existe quelque chose entre la Tunisie et l'Egypte, mais combien en savent à peine le nom, combien surtout ignorent les propriétaires réels de ce pays, ce qu'il peut rendre et le rôle qu'il sera appelé à jouer bientôt !

C'est une région si peu connue, plus fermée, à vrai dire, que le Soudan central lui-même, qu'il fallait étudier au point de vue du commerce, de l'agriculture et de la politique. Cette entreprise nous était confiée par le journal important d'une Société commerciale hardie. Y avons-nous bien réussi? Ce sera aux lecteurs d'en juger. Cependant, nous devons dire qu'un voyage en pareil endroit n'est pas chose facile, et, par ce mot, nous n'entendons point seulement les privations, qui peuvent durer quelquefois trois ou quatre jours, comme dans notre cas, ni les difficultés d'aiguades, ce sont là des conditions ordinaires à ce genre d'excursion; nous voulons parler surtout de la méfiance du gouvernement local et de la mauvaise foi d'un grand nombre d'indigènes, qui, bardés de poignards étranges, de revolvers énormes et de fusils à canons démesurés, semblent être de véritables arsenaux vivants et n'hésitent pas à se servir de leurs armes en toute occasion.

En quittant la côte tunisienne, dans la direction du vilayet de Tripoli, le paquebot mouille, durant quelques heures, à 5 milles d'une île basse et rectangulaire, célèbre autrefois sous le gouvernement romain, et que les indigènes nomment aujourd'hui le *Paradis des Arabes*.

Les rares curieux qui profitent des tartanes dont les vaisseaux se servent pour recevoir les produits de Djerba et y importer ceux du dehors ont la surprise peu commune de trouver une oasis au milieu de la mer. C'est l'île antique de Calypso, la moderne Djerba.

Alors que, sous la domination romaine en Afrique, Gallus et Vollusianus obtenaient le triomphe et le titre d'augustes, cette île des Lotophages était le jardin de plaisance des hauts fonctionnaires et des riches commerçants de la Byzacène. Depuis, les différentes phases de la décadence des Etats Barbaresques y ont laissé des traces profondes. Aujourd'hui que Djerba semble pouvoir retrouver, grâce à nous, son antique aisance, on ne peut s'empêcher de voir d'un œil étonné le chemin parcouru, depuis les villas romaines jusqu'à l'humble caserne française de Houmt-Souck, en passant par Bordj-Rious, la Koubla, Razi-Mustapha et la tour que Dragut construisit avec des crânes espagnols, pour rappeler sa victoire navale remportée en 1550 sur la Cerda.

Mais les empreintes laissées par l'histoire ne sont pas les seuls points qui rendent cette île remarquable. La fertilité étonnante des terres de Djerba est digne de fixer l'attention. Un grand nombre de Berbères et un millier environ d'Européens habitent l'île. Parmi cette population industrieuse, on trouve des tisserands dont les étoffes sont renommées, des potiers occupés à la fabrication des jarres, des gargoulettes et des alcarazas, et nombre de pêcheurs.

Cependant la plus grande partie de la population cultive la terre, dont elle entretient la fertilité en l'irriguant à l'aide de noriis.

La culture porte sur les céréales, les palmiers, les oliviers, la vigne et les arbres fruitiers, tels que le pommier, l'abricotier et le

DANS L'OASIS

lotos, chanté par Homère ; ce fruit merveilleux rendit célèbres les Lotophages et leur patrie.

Houmt-Souck, capitale de l'île, est entourée d'une luxuriante végétation, ses coupoles blanches miroitent sous le soleil et tranchent sur le vert des oliviers et des palmiers.

Les habitants de Djerba appartiennent à la secte des Chiites, et, de ce fait, sont appelés hérétiques par les autres musulmans. Ils ont de nombreuses mosquées gardées par des marabouts qui vivent d'aumônes.

Cette île, qui semble avoir mérité l'apologie de Flaubert, *cette île aux sables d'or*, n'est pas assez connue; elle offre encore des ressources aux industriels et agriculteurs qui ne tarderont pas trop à s'y établir.

Mais la même tartane qui nous avait amenés à terre, il y a quatre jours, attend pour nous porter vers un petit point noir, immobilisé depuis un instant à l'horizon. C'est le paquebot de service entre la Tunisie et la Tripolitaine.

***

Par une de ces matinées très claires, telles qu'en possède seul l'Orient, Tripoli nous est apparu, découpant sa dentelle de terrasses, de koublas et de blancs minarets dans le bleu pâle du ciel, et baignant le pied de ses formidables remparts dans le bleu profond de la mer.

Vers le Maghreb, la côte s'incline dans les bastions. Au Levant, elle s'avance très basse, dans le soleil, développant sur cette partie de l'horizon la superbe rangée des palmes de la Meschija. C'est dans cette admirable oasis que l'aristocratie tripolitaine a établi ses maisons de plaisance, au milieu de jardins d'orangers et de mandariniers aux fruits d'or.

La brise nous apporte les notes d'une musique étrange; ce sont les clairons turcs qui s'exercent dans les cours de la Kasba.

Le port n'existe qu'à l'état de projet, et pourtant la nature a doté Tripoli d'un bassin naturel que peu de travaux suffiraient à rendre excellent. Deux lignes de rochers ferment à demi l'entrée du port. En comblant les interstices, on aurait des digues puissantes qui préserveraient les vaisseaux des vents du large. Et si, pour compléter ce travail, on faisait sauter quelques roches sous-marines, on obtiendrait un bassin assez profond pour recevoir les plus gros navires.

Le sultan a, paraît-il, promis d'exécuter ces travaux à ses frais; la promesse date de longtemps déjà et l'on attend toujours. Etant donnée la façon dont s'exécutent les entreprises ottomanes, nous croyons qu'on attendra encore longtemps!

Actuellement, les vaisseaux ancrent à 6 ou 700 mètres du rivage, auprès d'une frégate à voile et à vapeur, le *Fouad*, armée d'un canon Krupp, qui avec une canonnière et un cuirassé, absents pour le moment, constituent les forces navales que la Sublime-Porte et le « Commandeur des terres et des mers » entretiennent pour la défense des côtes. Le *Fouad* est un navire en bois, d'une mâture rien moins qu'élégante, dont les machines sont reliées entre elles et maintenues à la coque par des fils de fer, et, dans son ensemble, sale et mal entretenu. Sur les quarante hommes d'équipage, cinq ou six, tout au plus, restent à bord; les autres encombrent les cafés turcs de Tripoli, suivant en cela l'exemple de beaucoup de chefs ottomans que l'on rencontre déambulant à travers les rues, le plus souvent dans un état auquel l'eau pure, pourtant recommandée par Mahomet. est étrangère.

Les Tripolitains content à voix basse (car il serait imprudent de parler fort ici) au sujet de ce bâtiment, une anecdote singulière. En vue de l'inauguration du canal de Kiel, l'empereur d'Allemagne avait invité le sultan à se faire représenter à cette fête par quelques-uns des vaisseaux de ses escadres. Le *Fouad* fut désigné. Il partit deux mois avant le jour fixé; mais on avait compté sans les vents et la manœuvre. Au bout d'une quarantaine de jours, manquant de charbon, complètement désorienté et voguant à l'aventure, le *Fouad* dut se faire remorquer par un navire complaisant jusqu'à Gênes. Là, il put prendre du charbon, en laissant quelques barques en gage. On dit même, sans trop l'affirmer, que le dépôt n'offrant pas l'équivalent de tout le combustible livré, on dut y adjoindre quelques matelots.

Le passager, pour descendre à terre, n'a qu'à se laisser choir dans les bras des bateliers qui, arrivant dans leurs barques contre les flancs du navire, y montent à la façon dont leurs pères prenaient les bâtiments, à l'abordage. Ils envahissent le pont et se disputent colis et voyageurs, avec force cris et vociférations.

Après avoir franchi la coupée, harcelé par mille propositions faites dans toutes les langues et sur tous les tons, le passager, étourdi, prend une barque qui n'est point celle qu'il a choisie, et laisse partir ses bagages entre les mains des bateliers qui, plus forts, les ont arrachés à ceux auxquels il les avait confiés.

Enfin, vous abordez. On vous pousse, on vous tire jusqu'au plancher de la douane; vous êtes libre, pensez-vous; vous soupirez, disant : C'est fini. Non, le supplice recommence ! Les douaniers s'emparent de vous, vous palpent, vous secouent, ouvrent vos valises. Le revolver que vous portez à la ceinture, le couteau que vous avez dans une gaine de cuir, tout cela est confisqué. Quant à vos colis, malheur s'ils contiennent des livres, ne serait-ce que les contes de Perrault, on vous les prendra pour les examiner, et, si vous n'êtes pas un peu énergique, on vous enlèvera tout ce qu'une intelligence de douanier turc ne comprend pas, même le papier à lettres et les enveloppes.

Vous pensez peut-être qu'étant donné votre nationalité et l'énergie supposée de votre consul, vous pourrez rentrer en possession de votre bien. Vous êtes même foncièrement décidé à attendre que les autorités se soient rendu compte que rien de ce qu'on vous a pris n'est attentatoire à la sûreté de l'empire. Allez et espérez. Réclamez au consulat; il vous sera dit que c'est l'usage, et devant un certain je m'en-fichisme des fonctionnaires de notre pays, vous vous résignerez, sachant de plus qu'à Constantinople la vue seule du nom du sultan sur un journal, dont le censeur ignore même la langue, suffit pour l'interdiction.

CHARMEUR DE SERPENTS

Et, à ce sujet, laissez-nous vous signaler un autre fait bien curieux et caractéristique. Un de nos amis, d'origine arménienne, et sujet turc, débarque, il y a deux semaines, à Tripoli. Sa valise contenait, entre autres choses, des livres et quelque peu d'acide tartrique. Les livres prirent la même direction que les nôtres. Quant au paquet d'acide, comme la douane l'examinait avec défiance, l'indication de son contenu fut donnée. Le mot de tartrique, qui ressemble un peu à dynamique (dynamite), la constatation que ce produit semblait être une poudre, tout cela inquiéta si bien les douaniers, qu'ils firent entrer l'Arménien dans leurs bureaux, le priant d'ouvrir le paquet et lui faisant observer de ne pas aller trop vite, pour qu'on eût le temps de reculer un peu, en prévision d'une explosion. L'acide tartrique fut mis à jour, et sans accident, bien entendu, mais on mit en lieu sûr les pièces à conviction; notre ami fut renvoyé et surveillé. Et, dans dix ans peut-être, les douaniers regarderont avec un certain effroi le petit paquet d'acide, rangé soigneusement sur une des parties les plus désertes des rayons de leurs bureaux.

Mais nous aurions grand tort de trop plaisanter l'autorité ottomane. Ne lui sommes-nous pas suspects, nous aussi ? N'aurons-nous pas, ce matin, en visitant l'oasis de la Meschija, un agent derrière nous, et n'entendrons-nous pas au restaurant turc où nous

GUERRIER TRIPOLITAIN AU COMMENCEMENT DU XIXe SIÈCLE

dînerons des Turcs de la « Vieille Turquie » dire, en louchant vers nous, que des espions arrivent, parfois, par voie de Malte ou de Djerba.

***

La visite de Tripoli donne les déceptions éprouvées dans toutes les villes d'Orient. De loin, c'était une vision de blanches murailles que dominent mosquées et minarets, au milieu des palmes, le vert se détachant sur un ciel d'opale taché de bleu. De près, ce sont des masures au travers desquelles serpentent des sentiers étroits et boueux ; à part quelques intéressantes mosquées, les bazars, et surtout les jardins, rien ne mérite grand intérêt.

Mais la population qui se presse dans les rues étroites offre un aspect des plus pittoresques.

Nulle part, que ce soit à Tunis, Constantine, Damas, Constantinople même, on n'observe une telle diversité de types et de costumes. Le Turc, à tenue presque européenne, coudoie l'Arabe drapé dans son burnous ; le riche Gadhamésien, ceint d'une corde de poils de chameau, est suivi du Targui à la face voilée. On trouve des représentants de toutes les races du nord et du centre de l'Afrique, depuis le Fezzanais jusqu'au nègre du Sénégal et jusqu'à l'habitant des rives du Tchad.

Parmi ces Arabes à figure bronzée, ces Touareg féroces et ces riches commerçants du désert, tous ces hommes à visage sombre et mystérieux, qui sait si nous ne coudoyons pas quelques-uns des assassins de Tinné, de Flatters ou de Morès ?

C'est ici que le sultan envoie en exil les hommes dangereux de son empire et, depuis quelque temps surtout, les fils de famille coupables d'être affiliés au parti libéral de la « Jeune Turquie ».

La Sublime-Porte s'est efforcée, depuis la conquête de la Tunisir, d'entretenir en Tripolitaine le fanatisme religieux, de façon à rendre plus homogène l'union politique des Arabes et des Turcs. Elle a élevé à 40,000 hommes l'effectif de ses troupes dans le vilayet, dont 15,000 hommes pour Tripoli, au lieu de 3,000 il y a quinze ans. Ces troupes sont commandées par un méchir qui pourrait, en cas de guerre, armer 50,000 hommes des tribus, tous fanatiques, prêts à mourir pour l'Islam.

Le vilayet de Tripoli, peuplé d'environ un million et demi d'hommes, comprend quatre régions : la province de Tripoli, le pays de Barka ou Cyrénaïque, le groupe du Fezzan et Ghadamès.

La Tripolitaine proprement dite est la partie maritime du nord-ouest, un peu montueuse, avec une plage sablonneuse assez fertile, quoique brûlée par la chaleur et où les cours d'eau ne sont que temporaires. Les principales cultures sont celles de l'olive et de l'orge. La région dans laquelle est situé Tripoli est l'une des plus belles de la Tripolitaine ; elle est couverte d'oliviers, d'orangers, de palmiers et d'arbres fruitiers de l'Europe. Le Djebel est riche, peuplé, fertile en céréales et surtout en orge. Il produit encore du maïs, du henné, du safran, du coton et de la garance ; cette dernière plante donne des produits abondants, très recherchés dans le commerce, et valant autant, sinon mieux, que ceux de la Turquie d'Asie ou du midi de la France.

Tripoli est l'entrepôt des marchandises de l'intérieur de l'Afrique et des articles de l'Europe que principalement l'Angleterre et l'Italie destinent au Soudan. Son commerce, variant de 15 à 25 millions de francs, se fait principalement avec l'Angleterre (Malte), l'Italie, la France, la Tunisie, l'Egypte et la Turquie. Tripoli importe des tissus de coton d'Angleterre, du tabac de Turquie, des denrées coloniales d'Angleterre, des tissus de laine d'Angleterre, de Tunisie et de France, des vins et spiritueux de France, d'Angleterre et d'Italie, des huiles de Turquie, des verroteries et de la bougie d'Italie, de la coutellerie, du poisson salé, des armes à feu.

Tripoli exporte de l'ivoire en quantité assez importante, des bœufs et du beurre, de l'orge, du blé, des laines, des plumes d'autruche. Ce sont l'Angleterre, la Turquie et l'Italie qui reçoivent le plus de ce pays et lui vendent la plus grande quantité de marchandises.

Nous trouvons, hélas ! sur place la justification de l'avis tant de fois formulé sur le rang inférieur qu'occupe le commerce français en Tripolitaine, comme dans trop d'autres régions, tant au point de vue de l'exportation de marchandises de notre pays, que de l'importation en France des produits africains.

*
* *

La Tripolitaine tout entière est sous le commandement d'un vâli, gouverneur général, chef suprême. Ce poste est regardé par le sultan comme l'un des plus considérables de l'empire, étant données les convoitises européennes dont la Tripolitaine est l'objet. Cette croyance est, du reste, justifiée par l'influence que certaines nations cherchent à exercer en ce pays. L'Italie, par exemple, dépense 120,000 francs par an rien que pour des écoles, sans compter l'entretien de ses fonctionnaires. Ses agissements à Tripoli sont les mêmes qu'autrefois à Tunis. Et le journal *le Peuple de Rome*, *la Gazette de Naples* et celle de *Turin* nous ont trop pris à partie à propos de quelques articles publiés dans *la Dépêche Tunisienne*, à notre retour de la Tripolitaine, pour qu'il ait subsisté dans notre esprit aucun doute à ce sujet. Il est probable, si nous n'y prenons garde et ainsi qu'on peut s'en rendre compte dans la préface de cet opuscule, que par entente anglo-italiennne l'Afrique ottomane deviendra italienne.

Au-dessous du gouverneur général, les kaïma-kans et les moudirs administrent les provinces et les cantons, ce qui n'empêche pas chaque tribu d'avoir son cheik. Ces fonctions ne sont pas payées par le gouvernement turc; aussi coûtent-elles beaucoup au pauvre peuple, car ce sont les cheiks, les kaïma-kans et les moudirs qui perçoivent l'impôt, distribuent les amendes et rendent la justice. Ce système administratif porte à 30 millions environ, pour 8 millions remis au sultan, le *prix des souliers* (1) que les fonctionnaires tripolitains usent à cheminer dans la voie de la justice.

Le Palais de Justice de Tripoli, résidence du vali, est un ensemble de constructions bizarres, comme tout ce qu'exécute la Turquie. Reliées entre elles par des escaliers de bois, elles forment un

UNE MOSQUÉE CHIITE A DJERBA

tout de 5 à 600 mètres de long sur 200 de large. La partie orientale n'a plus ni portes, ni fenêtres, les murs restant debout par je ne sais quel miracle qu'on retrouve dans tout ce qui touche à l'Islam. Si vous demandiez aux gardiens pourquoi les réparations n'y sont point exécutées, ils répondraient que l'on attend toujours une somme d'argent que le gouvernement a promise pour les frais de ces travaux.

(1) Appellation dont les fonctionnaires se servent pour désigner les sommes perçues par eux dans leurs « fonctions gratuites ».

LA MARCHE DANS LE DÉSERT

Les fonctionnaires employés par la Sublime-Porte sont payés fort misérablement, quand ils le sont. C'est un véritable tour de force que doit exécuter le ministre, chaque fois qu'un nouvel emprunt a été contracté, s'il veut arriver à payer un mois d'appointements aux fonctionnaires de l'État, ce qui est un événement dans tout l'empire, puisque, depuis une vingtaine d'années, le sultan n'a jamais pu régler plus de quatre ou cinq mois sur douze, aussi bien à l'armée qu'aux fonctionnaires civils. Un juge au tribunal gagne 300 piastres tripolitaines ou 60 francs par mois; un juge d'instruction 450 piastres ou 90 francs. Aussi quelques-uns font-ils preuve d'une vénalité extrême. Des deux parties aux prises, celui qui donne le plus a gain de cause, et le jugement n'est rendu bien souvent que lorsque les juges ont acquis la conviction qu'il n'y a plus rien à tirer des plaideurs. Il se produit parfois ce fait extraordinaire, qu'une des parties achète le président et l'autre ses assesseurs. Le premier ayant droit, à lui seul, à autant de voix que les deux autres réunis, il en résulte un ballottage. Chacun protège son client. Mais le président a recours à la ruse; il remet le jugement, s'adjoint un ou deux nouveaux assesseurs qu'il gagne, et obtient ainsi l'avantage.

Nous pourrions nous étendre beaucoup plus sur un semblable sujet et montrer, par d'autres faits bien captivants, ceux-là, mais que nous taisons, vu leur gravité, — le résultat déplorable qu'obtient le gouvernement turc par son insouciance administrative.

Cependant, nous devons reconnaître qu'il est des points clairs en un tableau si sombre. Notre impartialité nous fait un devoir d'apprécier les qualités d'une race qui, partie de si haut, est descendue si bas. On découvre parfois en ce peuple des symptômes d'énergie et de vaillance qui font espérer que tout n'est pas perdu et qui prouvent, une fois de plus, qu'il existe des perles dans le fumier d'Ennius. Une revue de troupes turques a lieu aujourd'hui à trois heures; allons-y.

Depuis que, sous prétexte d'arrêter une invasion française toujours redoutée, la Sublime-Porte a constamment augmenté l'effectif de ses forces militaires dans sa dernière possession africaine, les rues de Tripoli sont encombrées d'une foule plus ou moins déguenillée et quelque peu galonnée. Ce sont les soldats. Ces pauvres diables touchent 500 grammes de pain noir pour toute nourriture, et 10 paras par jour. Mais, s'ils reçoivent invariablement la nourriture, il n'en est pas de même pour la solde, aussi vivent-ils péniblement. On les voit se cotiser ensemble pour acheter quelques légumes et bien rarement de la viande. Pourtant, à défaut de panache et d'argent, les soldats turcs sont de bons soldats : l'ordre et la tenue peuvent manquer et les armes ne pas être très reluisantes, la résignation, la bonne volonté, ne font pas défaut et le courage ne manque jamais.

Le soldat travaille et combat pour la cause sainte ; au plus fort de la bataille, il a cette douce espérance du Paradis de Mahomet. Quelles qu'aient été ses fautes, le sang du combat lave tout. Et c'est bien une force, cette certitude compréhensible aux plus pauvres d'esprit, que la balle homicide et chrétienne fait du musulman un saint et lui donne droit, pour l'éternité, à deux cents jeunes garçons beaux comme l'amour et à deux cents houris!

Les troupes qui vont être passées en revue se sont rangées dans la plaine qui borne l'oasis de la Meschija. C'est là que commencent les sables du désert. Le sol ondoie comme les vagues de la mer en petites dunes (1) que couronnent et immobilisent des touffes de drinn. Sur l'horizon immense se profile la silhouette agrandie de deux chameaux coureurs.

Après avoir manœuvré pendant quelques instants à l'allemande, avec une précision que leur tenue ne permettait guère d'espérer, les troupes se sont ébranlées au pas gymnastique, entraînées par un air monotone que les musiciens, groupés en désordre, répétaient indéfiniment. Quand les soldats eurent atteint, au delà du général présidant à la manœuvre, une distance double de leur front, ils s'arrêtèrent. On nous dit que ce motif musical était un air nouveau que l'on essayait, et que le défilé journalier allait se faire à 9 h. 1/2, heure turque, ou 3 h. 50, heure française. En effet, la musique entonne bientôt une marche triomphale, où l'étrangeté des accords couvrait bien les notes plus ou moins fausses dont on l'agrémentait. Partis par sections, à grands pas, le canon du fusil sur l'épaule, la crosse tout entière supportée par la main, ils défilèrent de nouveau, manœuvrant de telle façon qu'ils furent bientôt en ligne devant le général, tournés vers La Mecque.

Les fanions furent montrés aux compagnies qui saluèrent, puis, au commandement des capitaines, les soldats présentèrent les armes. Enfin, le meschir élevant son sabre, les troupes crièrent par trois fois : *Qu'Allah protège la vie de notre sultan Abdul-Hamid et le rende victorieux !*

Poussant nos chevaux hors de la foule, nous nous dirigeâmes rapidement vers la ville. Comme nous nous retournions, nous vîmes que les troupes en colonnes regagnaient leur camp, et qu'à 50 mètres de nous l'agent de la police ottomane, celui qui ne nous quitte pas plus que notre ombre, s'agitant frénétiquement sur son âne, nous suivait.

***

Un soir que nous longions la mer, au retour de l'oasis de la Mes-

(1) Ces dunes n'appartiennent pas encore au *grand désert*, ainsi que beaucoup de voyageurs l'ont cru. Elles sont en partie formées par le sable des plages que le vent de la mer pousse à quelque distance dans l'intérieur.

chija, Hassan, notre caravanier, nous montra un trois-mâts grec qui, battu par les vagues, se dirigeait à pleines voiles vers le port. Voici votre bateau, nous dit-il. Puis il continua à nous parler de la caravane que nous joindrions à Benghazi, pour pousser vers le sud.

Hassan est un riche négociant dont les chameliers parcourent la Tripolitaine et vont jusqu'au Soudan échanger les produits d'Europe contre de l'ivoire, des plumes d'autruche et parfois de la poudre d'or. Nous devons profiter de la caravane qu'il forme en Cyrénaïque, afin de pénétrer dans ce pays que les lois turques ferment aux étrangers, autant que la cruauté des hommes du sable.

Le lendemain, dès le matin, nous allions voir le trois-mâts qui devait nous emporter jusqu'à la capitale de Barka et nous permettre d'étudier les principaux points de ce pays des oasis : Benghazi, Derna, Bomba et Tobrouck, toutes villes maritimes, les deux provinces nord de la possession ottomane, comprenant une bande de terre fertile qui longe le littoral, tandis qu'au delà s'étendent les sables de Libye.

Le vaisseau déchargeait rapidement ses marchandises ; il avait hâte d'embarquer ce qui lui était nécessaire et de repartir. Notre impatience n'était pas moins grande ; nous savions que, cette deuxième partie de notre voyage achevée, il ne nous resterait guère de loisir pour les préparatifs de notre jonction à la caravane d'Hassan.

Quelques jours après on vint nous prévenir que la cargaison était complète et qu'on n'attendait plus que nous. En peu de temps, nos bagages étaient à bord, et, sous un ciel couvert, le vaisseau leva l'ancre. « Le temps n'est pas très sûr, » répétait le capitaine. En effet, la mer nous ménageait quelques surprises.

***

Après bien des arrêts, des hésitations, des situations parfois dangereuses, souvent comiques, tant au point de vue de la manœuvre faite en dehors des rigoureuses théories qu'à celui du grouillement cosmopolite du pont, nous sommes arrivés à Benghazi au moment où se célébrait un grand mariage indigène. Suivant la coutume, le cortège faisait le tour de la ville ; il vint s'arrêter presque en face d'un café maure où nous étions installés.

La fiancée était montée sur un superbe chameau blanc, couvert de tapis et orné de plumes d'autruche et de franges de cuir jaune et rouge. Elle était couchée dans un « bassour », espèce de palanquin recouvert de draperies qui la cachaient aux regards des profanes.

Le méhari et son précieux fardeau étaient au centre du cortège, composé de musiciens et de danseuses. Les premiers soufflaient dans des outres à tuyaux et dans des flûtes, battaient frénétiquement du tam-tam ou agitaient de grosses castagnettes soudanaises.

ARABE DE TRIPOLI

Se réglant sur cette musique, les danseuses glissaient lentement sur le sol, agitant des écharpes de soie et faisant bruire les sequins qu'elles portaient en collier et les krolkrals de leurs chevilles.

Les invités, enthousiasmés par ce spectacle, chargeaient et déchargeaient sans cesse leurs vieux fusils damasquinés. L'une de ces armes, trop remplie de poudre, éclata, et ce fut merveille si son possesseur ne fut pas tué. D'autres, à cheval, se livraient aux fantasias coutumières, avec une insouciance du danger vraiment remarquable.

Enfin, le cortège reprit sa marche, et le bruit des flûtes et des castagnettes se perdit dans le dédale des rues.

Ces fêtes duraient depuis quinze jours, et devaient être closes le soir même par de grandes réjouissances où 200 kilos de kouskous et un tonneau de boukra (1) permettraient aux invités de passer toute une nuit en réjouissance. Dans trois jours seulement le mari pourra voir une épouse obtenue par des cadeaux en meubles, chameaux ou argent dont la somme varie de 200 à 2,000 francs, selon le rang et les qualités de la fiancée. Il lui faudra rester ensuite isolé un nombre de jours égal à celui de ses noces, ne rendant visite ni à son père, ni à sa mère, et sortant toujours voilé.

Nous avons eu la bonne et rare fortune de voir l'heureuse fiancée. Elle avait un teint brun, un ensemble de très beaux traits qui traduisait une grande douceur. Son costume consistait en un baracan de soie bleue et une fouta de cotonnade rouge ornée d'arabesques d'or. Cette draperie l'enveloppait gracieusement et très bas, car elle ne portait, contrairement à la mode turque ou tunisienne, ni babouches, ni chemise, ni pantalon bouffant. Elle avait à ses chevilles de très larges bracelets d'argent massif. Ses pieds, ainsi que ses bras, étaient teints en bleu ; des artistes avaient tatoué sur ses poignets et dans le haut de ses bras des fleurs et des croissants et, vers le milieu du front, une croix à branches égales. Le petit cône de velours qu'elle portait sur la tête, à la façon juive, était bordé de sequins reliés entre eux par des ornements de nacre ou de corail. Elle avait en sautoir un large ruban auquel pendaient un grand nombre d'amulettes et de talismans. Sa ceinture, en argent repoussé, offrait un spécimen du plus curieux travail tripolitain.

***

A peu de distance de Benghazi, les caravanes passent sur un monceau de pierres qui marque la limite de la Tripolitaine proprement dite et le commencement du pays de Barka ou de Cyrène, dont la ville principale est l'antique Bérénice, Benghazi. C'est là que se produisit la rencontre des coureurs de Cyrène et de ceux de Carthage qui mêlèrent la fraude punique à l'héroïsme. Partis le même jour de leurs territoires respectifs, les coureurs des deux

(1) Liqueur formée par la distillation d'un mélange de dattes, de figues et d'anis.

pays devaient fixer la frontière à l'endroit de leur rencontre. Les deux frères Phileni, qui couraient pour la cité punique, avaient déloyalement acquis une grande avance. Devant le choix qu'on leur faisait d'être enterrés sur place et vivants ou de renouveler l'incertaine épreuve, ils acceptèrent de fixer par leur tombeau une délimitation avantageuse à leur patrie.

S'il est un port dont la position présage un grand avenir, c'est assurément celui de Benghazi. Situé à l'extrémité nord de l'Afrique orientale, il deviendra inévitablement, dans un avenir peu éloigné, le débouché naturel du Kanem, de l'Ouadaï, du Darfour et du Haut-Oubanghi.

Actuellement, Benghazi est trop mal desservi ; il n'y vient que de rares bateaux. Aussi, se ressent-il plus que tout autre de la stagnation où semble devoir demeurer la Tripolitaine, tant que le gouvernement turc conservera dans la direction de ses affaires sa coutumière insouciance. L'accès de son port est très difficile, surtout l'hiver ; les vaisseaux passent quelquefois plusieurs jours sans pouvoir atterrir.

L'importation européenne y est représentée par la quincaillerie, le pétrole provenant de Batoum, les vins et spiritueux de l'île de Candie ou de la Crète, les sucres de Trieste ou de Marseille, le café venant de Gênes, des cotonnades d'Angleterre et divers articles venant de Constantinople et Tripoli. Le commerce de Benghazi est entre les mains des indigènes, des Grecs et de quelques juifs. En dehors de l'orge que des agents anglais viennent acheter sur place, tous les produits apportés par les caravanes sont dirigés sur Tripoli.

Le plateau de Barka, appelé encore Cyrénaïque, est montagneux, accidenté et couvert par le massif du Djebel-el-Kdar (la montagne verte). Le talus du plateau qui incline vers la mer est coupé de vallées fertiles et peuplées par les Arabes. Cette partie du pays, riche en sites agréables, abonde en pâturages dont la végétation puissante surpasse celle de l'Europe. En été, les délicieuses brises de la Méditerranée tempèrent les vents chauds du désert de Lybie. Le pays est arrosé par des pluies et quelques sources. Mais, au delà du Djebel-el-Kdar, les oasis, perdues dans les sables comme des îles dans la mer, ne se succèdent qu'à de longues distances.

Si nous étudions la Cyrénaïque au point de vue agricole, nous trouvons que l'orge et le blé sont les seules céréales cultivées sur quelque étendue, avec des procédés de culture très rudimentaires. On sème sur le sol légèrement défriché et on laboure ensuite avec une charrue en bois, traînée par un bœuf, un âne, un chameau, quelquefois même par une femme arabe ! Si le sol était mieux cultivé, les résultats seraient merveilleux, car le produit habituel d'une bonne année, malgré les procédés très primitifs de culture, est de 70 et 80 pour 1. Le terrain, dans la Cyrénaïque, se compose, en beaucoup d'endroits, d'un sol glaiseux et rougeâtre. L'olivier est très répandu. Outre l'olivier, le caroubier, le dattier, le genévrier, le cèdre, le figuier et le myrte, un grand nombre d'arbrisseaux toujours verts ornent les plateaux de Barka.

Tous les habitants de cette province se livrent à l'agriculture; les indigènes sont trop indolents pour faire aucun commerçe, et les rares artisans se trouvent parmi les étrangers. Dans les mois d'hiver, après les semailles, les demandes de travail cessant, il survient parfois une grande détresse parmi les travailleurs imprévoyants. Les mendiants abondent, revêtus de burnous qui sont de véritables dentelles, et sales en proportion du nombre de leurs trous, et il n'est pas rare de trouver le matin les cadavres des pauvres gens qui ont péri de faim durant la nuit.

Dans tout le pays qui s'étend de la grande Syrte à l'Egypte, on ne trouve pas une source d'eau douce. Ce manque d'eau est la grande plaie de cette contrée où les rivières sont sous le sol, au lieu de couler à la surface.

La faune de la Tripolitaine est moins riche que celle des contrées limitrophes : les animaux domestiques y sont moins nombreux ; les lions et les panthères y sont rares ; dans l'intérieur du pays, le déboisement a été fatal à l'éléphant et le manque de véritables rivières a fait disparaître le crocodile.

L'autruche s'est retirée au sud-ouest, dans les régions peu accessibles de la Hamada Rouge. Les animaux sauvages que nous pouvons le plus facilement chasser sont le fennec, le renard, la gerboise, les lièvres, le mouflon d'Afrique et plusieurs gracieuses espèces de gazelles qui se tracent de tous côtés des sentiers étroits.

Mais il est des rencontres moins agréables. Sur ce sol crevassé, à chaque pas, le serpent gecko peut sortir d'une fente ; nos caravaniers le croient doué d'un pouvoir magique. Plus loin, la vipère cornue se cache dans les sables ; elle en a la couleur et sa morsure est d'ordinaire suivie d'une mort foudroyante.

***

Benghazi n'est pas le seul point de cette partie de la Tripolitaine (pays de Barka) où puissent mouiller les vaisseaux. Il existe encore la grande rade de Bomba, excellent abri où toute une flotte peut se réfugier, et le port naturel de Tobrouck, bassin très sûr, vaste et d'un accès facile. C'est surtout comme ports de guerre qu'ils auraient une grande importance : près de la frontière égyptienne, à une faible distance du canal de Suez, ils offriraient à la puissance qui les utiliseraient des postes d'observation remarquables. La Russie, l'Autriche et les Etats-Unis ont essayé sans succès de mettre la main sur Tobrouck et Bomba. Au point de vue com-

LES VICTIMES DE LA SOIF

mercial, situés sur des plages désertes, ils n'auraient qu'une faible valeur.

Tobrouck, appelé aussi Tabarka, est une baie d'environ 3 kilomètres de long, limitée au nord par un massif péninsulaire parallèle à la côte, et au sud par les berges et les falaises du plateau, d'où s'échappent, à certaines époques, des cascades de 140 mètres de hauteur.

Quelques ruines grecques et sarrasines indiquent qu'on n'ignorait point autrefois la valeur d'un abri si précieux. En effet, les navires qui faisaient le trajet d'Alexandrie à Rome l'utilisaient et il servait d'escale aux pèlerins en voyage vers l'oasis de Jupiter Ammon.

Bomba, moins abrité et d'une profondeur moindre, est beaucoup plus fréquenté. C'est qu'il touche à une contrée fertile et assez peuplée ; de plus, il a été fréquemment recommandé par quelques journaux italiens qui ont proposé, à plusieurs reprises, d'y établir une colonie. L'insalubrité du littoral mettrait cependant un obstacle à l'exécution de ce projet, car l'oued Temmin s'y déverse en flaques nauséabondes et fiévreuses. C'est peut-être pour cette raison qu'on trouve, près de Bomba, si peu de vestiges d'établissements grecs ou romains.

En contournant les escarpements rougeâtres du Râs-el-Tin, on découvre sur la côte orientale la seconde ville du territoire de Barka, l' « heureuse Derna ». Celle-ci a surtout été connue par l'expédition qu'y firent les Etats-Unis en 1815, afin de réprimer la piraterie, et les travaux d'essai d'un port qu'ils y exécutèrent pendant leur séjour.

Derna est surtout remarquable par ses jardins touffus et les mille canaux qui l'arrosent, formant ainsi un contraste singulier avec les roches grises, les racines desséchées et les sables d'alentour.

Partagée en cinq villages dont plusieurs sont en ruine, Derna a un palmier et une treille par maison à blanche terrasse et abonde en figues, raisins, dattes, oranges, citrons et bananiers. Ce grand nombre d'arbres fruitiers contribue, avec les blés, les laines, la cire et le miel apportés des plateaux, et quelques travaux de tissage, à entretenir un certain mouvement commercial et une aisance générale.

Sous un vaste hangar recouvert de pampres et de branches de palmiers que supportent d'énormes piliers en terre battue, les notables de la ville se plaisent à causer aux heures de repos. Un cheik de l'oasis invite les principaux personnages de notre caravane à y prendre la *diffa*. Acceptant ce repas de l'hospitalité tripolitaine, nous allons, sans plus attendre, au rendez-vous.

Une peau de lion a été mise à terre et la *diffa* nous est servie sur un plateau d'ivoire sculpté, d'une beauté remarquable. La bordure et les supports de ce petit meuble sont en argent massif.

Le chef arabe est un homme de haute taille. Une longue barbe blanche orne son visage ascétique et bronzé. Il porte une gandoura de soie rouge sous un burnous très blanc et s'enorgueillit du turban vert des *adj* (1). Durant notre courte entrevue, il ne tarit pas d'éloges sur la France, que les Arabes préféreraient à l'Italie, cette dernière puissance leur semblant sans ressources, tandis que la France leur paraît très riche.

« Votre pays, dit-il, fait beaucoup pour nos coreligionnaires de Tunisie. Le bey ne s'en plaint pas : vous respectez le Coran. Quant aux hommes qui nous gouvernent, ils ne sont pas justes... ces Turcs ! » Puis, avec un malin sourire, il ajouta : « La France ne tardera pas à venir, le vali craint que vos soldats n'envahissent la Tripolitaine d'ici deux ans. »

C'est, en effet, un bruit assez répandu dans l'Afrique ottomane. Depuis longtemps on répète chaque année que l'hiver prochain verra l'invasion française.

Sans paraître apporter beaucoup d'attention à ses dernières paroles, nous répondons au cheik qu'en effet la France est une généreuse nation : dans ses conquêtes elle ne se préoccupe pas seulement des bénéfices pécuniaires à tirer des peuples qu'elle place sous sa protection, mais, aussi et surtout, du bien-être et de la liberté qu'ils n'ont pas et que son histoire et son rôle dans le monde commandent à notre pays de leur donner.

Quand l'instant du départ est venu, nous remercions notre hôte. Et, tandis que nous nous éloignons de Derna, le kebir de la caravane nous confie que le cheik demeure très impressionné de notre langage. Il s'en souviendra longtemps, nous assure-t-il, et ne manquera pas de parler avec éloge, ou du moins sans haine, de la France à ceux qui ne la connaissent point.

***

Barka a conservé une importance historique et légendaire ; c'est là que les anciens ont placé le Jardin des Hespérides. Nous comprenons comment ils y furent amenés, quand nous visitons les gouffres pleins de verdure qui s'ouvrent brusquement dans le plateau pierreux : arbres de Judée, néfliers du Japon, orangers, pêchers, citronniers, aspirant au grand air et émergeant de l'ombre vers la lumière du ciel, s'élèvent à 15 ou 20 mètres de hauteur. Sous les branches de ces grands arbres se pressent, en massifs, des arbustes ; des guirlandes de lianes s'entremêlent aux branches ; des fleurs et des fruits jonchent le sol et des oiseaux chantent dans le feuillage. D'énormes roches grises, par endroits revêtues de plantes grimpantes, abritent des vents lybiens cet élysée d'arbres odorants et fleuris.

(1) Les musulmans qui ont fait le pèlerinage de la Mecque portent le titre d'*adj* et le turban vert.

Dans cette région florissait la superbe Cyrène, aujourd'hui Grenna, flambeau de la civilisation grecque en Afrique et patrie de grands philosophes. Cette époque glorieuse n'a laissé que bien peu de traces : la domination ottomane a fait un désert d'une contrée jadis florissante.

Près de Grenna, le rocher est sillonné de routes qui portent encore la trace des chars cyrénéens. Mais ce qui nous a surtout frappé, c'est le grand nombre de sépultures qui entourent l'emplacement de l'ancienne ville. De tous côtés, à des kilomètres de distance, des terrasses en gradins portent chacune leur rangée de tombes, les unes massives, sans ornements, les autres chargées de sculptures et de débris de colonnades ; les ravins sont remplis de cavernes sépulcrales. C'est qu'à l'exemple des autres villes helléniques, au lieu de brûler les morts, on les enterrait dans les grottes ou sous les tombeaux. Cet usage, joint à la facilité du travail dans ces falaises poreuses, ont permis aux anciens habitants de Cyrène de creuser une véritable ville des morts.

Nous rentrons à Benghazi, longeant des ravines où suinte un liquide saumâtre. Çà et là, un acacia rabougri, un térébinthe, un lentisque, interrompent l'uniformité de la roche infertile. Mais sur toutes les pentes et dans tous les fonds, où l'humus rougeâtre du sol garde quelque temps l'humidité pluviale, églantiers, myrtes, sureaux, lauriers, arbousiers, se groupent autour d'arbres puissants tels que thuyas et grands cyprès dont les branches s'élèvent jusqu'à 50 mètres de hauteur.

A 10 kilomètres de la ville, nous trouvons un ruisseau souterrain qui coule dans des galeries profondes. Ce cours d'eau mystérieux, célèbre dans l'antiquité, c'est le Léthé, *le fleuve de l'oubli*. Par une fissure de la roche sous laquelle il disparaît, s'échappe un filet d'eau qui coule vers le lac où se baignent les murailles croulantes de l'ancienne Bérénice.

Des dépressions boueuses, couvertes d'efflorescences salines du lac de Benghazi, se lève une chaude vapeur que pousse le simoun. Une poussière fine, venue des sables, charge le ciel. Les palmiers de l'oasis agitent lentement leurs longues antennes au-dessus de la koubba blanchie du saint marabout, patron de la ville. De minute en minute, le nuage s'épaissit, de gros grains de sable nous fouettent le visage, en même temps que la température devient celle d'une étuve.

Les Tripolitains attachent hâtivement leurs chameaux aux troncs des palmiers, abattent leurs tentes, consolident leurs gourbis : qui sait si quelques-uns ne verront pas maisons et biens disparaître dans la tourmente !

Nos chameliers répètent sans cesse, tout en activant leur œuvre consolidatrice : « *La ila ella Allah, Mohammed raçou allah !* »

Bientôt le gros du simoun arrive avec un bruit semblable à celui de courroies glissant sur leurs poulies. Les Arabes se couchent et lancent une dernière fois au ciel le nom d'*Allah*. Des chameaux gémissent, des chevaux hennissent et une rumeur lointaine et confuse monte, composée de cris d'hommes et de plaintes d'animaux.

LE GUIDE

L'horizon, jusqu'au zénith, s'empourpre et se dore : la grande nappe de sable s'inonde de soleil. Puis on ne distingue plus rien, le tourbillon s'épaissit; il oblige les plus forts à se cacher la tête sous le burnous. Un grand silence ou plutôt un trop grand bruit : le simoun passe. Quelques secondes après, les gémissements, les hennissements et les *allah* reprennent : le simoun est passé.

Enfin, cette journée torride s'achève et nous allons bientôt repartir, profitant de la fraîcheur du soir et de celle de la nuit pour doubler nos étapes à travers des régions brûlantes.

Dès qu'on est descendu des croupes du Djebel-el-Khdar, on se trouve déjà sur le versant du désert. Dans la direction du sud, des lits de ouadi se creusent; aux plateaux ombreux succèdent de vastes terrains pierreux. L'humus fécond et rougeâtre de Barka-el-Hamada (la Rouge) fait place peu à peu à la roche nue et aux sables gris ou blancs de Barka-el-Beïda ou Barka-la-Blanche. Reptiles, oiseaux, insectes, se font rares. Nous n'entendrons plus le glapissement du fennec et du renard, et ce n'est qu'à de longs intervalles, auprès des oasis, que nous rencontrerons des troupeaux de gazelles.

***

Tandis que le littoral tripolitain a une température de20 et 22 degrés centigrades, certaines oasis du sud ont une moyenne estivale de 32 degrés et parfois de 44 degrés à l'ombre. Sur les sables, au soleil, elle dépasse 50 et 60 degrés.

D'abondantes rosées se produisent encore dans la région septentrionale, sous l'influence du froid des nuits, mais les pluies sont très rares. Il arrive, dans le midi, que les labours sont suspendus pendant des années, à cause du manque de pluie, et l'on nous cite des oasis où dix et même vingt ans se passent sans que l'eau du ciel vienne humecter le sol.

La vie des plantes, en ce pays, ne se règle pas sur la succession du froid et de la chaleur, mais sur l'incertaine distribution d'eau. Toute leur existence se résume dans l'alternance irrégulière de longues périodes de repos pendant la sécheresse et de courtes périodes de végétation lorsque le sol est humide.

Si grande que soit la sécheresse de l'air, les plantes peuvent toujours absorber une partie de l'humidité latente; sans cela, comment expliquer leur subsistance pendant de longues années sans pluie?

Nous avons vu avec étonnement des tamariniers croître en des endroits complètement arides, sur des hamadas de grès ou de gypse, où le roc monolithe ne permettait pas aux racines de descendre vers une nappe d'eau souterraine. Ils sont rabougris, sales et poudreux, mais ils vivent. Comment font-ils? C'est qu'il est probable que ces plantes trouvent dans leur organisation d'autres ressources, possèdent la faculté d'assimiler directement l'humidité de l'air que les rochers doivent attirer.

Certaines plantes déjouent la sécheresse par la rapidité de leur croissance. Nous avons vu, après une pluie, des terrains, nus la veille, se couvrir d'éphémères verdissantes. Elles sont très fragiles et sans longues racines, ni dispositions particulières de feuilles : elles ne possèdent aucune défense contre le soleil. Mais en quelques semaines elles grandissent et portent leurs fruits, et quand les dernières traces d'humidité se sont évanouies dans les alizés brûlants, les éphémères peuvent mourir : elles laissent au sol jaunissant des graines qui germeront à leur tour.

La rareté des pluies autant que l'excessive chaleur a pour conséquence un grand appauvrissement de la flore. Des acacias talha, au rare feuillage, de pâles tamaris, des alhagis épineux, nourriture des chasseurs, la coloquinte des sables, l'alfa, quelques broussailles, voilà tout ce que produit le désert dans ses fonds abrités. Les plantes de culture sont peut-être plus nombreuses que les végétaux sauvages, quoique dans mainte oasis les jardins soient très pauvres en espèces. Mais ces terres brûlées et stériles ne peuvent revivre que sous la protection d'un arbre merveilleux : le palmier-dattier.

Le palmier est au désert dans sa véritable patrie, lui seul rend le Sahara vraiment habitable, car lui seul entretient les jardins désertiques qui nourrissent le nomade, lui seul permet au sédentaire de se construire un abri. C'est le dattier qui a créé l'oasis.

On comprend de quelle utilité est cet arbre merveilleux dans un pays si pauvre en autres plantes : sève, moelles, fibres, tigelles, tronc, fruits, tout est utilisé. Les dattes sont, avec les céréales, l'aliment par excellence du Tripolitain, et les animaux domestiques, même le chien, mangent des dattes.

Chaque arbre est soigné individuellement comme un membre de la famille. Il faut l'arroser, l'émonder, verser sur ses fleurs le pollen fécondant. La colonie ottomane n'en contient pas moins de 300 variétés. Nulle part ailleurs on ne le voit en forêts mieux fournies, avec des touffes de palmes plus épaisses. Nombre de forêts nées de graines se développent en broussailles dont les fruits sont abandonnés aux gazelles Il est des oasis où se pressent plus de 100,000 palmiers.

Pour nous qui parcourons de longs espaces de terrains sans verdure, parfois sans eau, l'oasis est un inoubliable spectacle. De loin, c'est une tache sombre sur le fond fauve du sable ; cette masse confuse se hérisse peu à peu d'aigrettes de palmes géantes. Nous approchons : la forêt, compacte tout à l'heure, s'éclaircit. Comme les colonnes d'un temple, se dressent des tiges droites et nues sous les larges chapiteaux de branches qui s'étalent à 30 et 40 mètres dans les airs. Une deuxième forêt prend place, arbres fruitiers, plantations de toutes sortes entourées de murs de cactus ou de terre : ce sont les jardins. Sous une lumière douce que filtrent les hautes palmes, entre les ruisseaux étroits où coule une eau limoneuse ou salpêtrée, les champs d'orge, la vigne, les légumes peuvent croître, tandis qu'à côté, dans une clairière brûlée, la terrasse d'une zaouïa se fendille au soleil.

Cette plante du désert, si formidablement armée, affronte seule la grande chaleur et seule peut créer des villes dans les sables. Contrairement à nos vastes forêts, mortelles aux petits arbres qui croissent à leur ombre, manquant d'air et de soleil, les palmiers donnent aux plantes non désertiques un milieu tempéré où elles peuvent vivre.

La suprême vengeance dans les guerres sahariennes consiste à couper les dattiers. Ce n'est pas seulement priver l'ennemi de son principal moyen de subsistance, c'est vouer l'oasis à la mort, c'est rendre sa proie au désert.

Aussi beaucoup de nos compagnons considèrent-ils le palmier comme un être doué de vie et de passion, sachant témoigner sa gratitude par l'abondance de ses fruits, ou sa colère contre de mauvais traitements par la stérilité. Dans de curieuses légendes que l'on nous conte en marche, les dattiers versent des flots de sang sous la hache homicide et parlent à leurs bourreaux. De nos jours encore, le *Magreb el Aksa* a conservé l'ancienne loi des pays musulmans qui permet de tuer un homme, mais ne « permet pas de toucher au dattier » !

*
* *

En El Beïda le sol aride ne laisse subsister aucune végétation. C'est la dune mouvante, la pierre ou l'argile dure, où l'on ne trouve d'autre eau qu'un liquide nauséabond et saumâtre, souvent refusé par le chameau. Notre caravane avance péniblement, ne reconnaissant la direction à suivre que par les massifs de pierre élevés de distance en distance. A l'ouest, sur la route de l'oasis de Faredgha, les dunes gardent cinquante cadavres desséchés de voyageurs, qui moururent de soif, abandonnés par leur guide.

Le soir tombe, personne ne parle, et c'est un impressionnant spectacle que cette caravane qui défile dans l'immensité où la terre et le ciel confondus ne laissent entrevoir aucun but, ne font espérer aucune halte au voyageur harassé !

TROUBAD L'APICULTEUR.

LA CARAVANE

BIBLIOTHÈQUE NATIONALE

www.ingramcontent.com/pod-product-compliance
Ingram Content Group UK Ltd.
Pitfield, Milton Keynes, MK11 3LW, UK
UKHW022159190726
13855UKWH00004B/1550

9 782013 077361